RÉPONSE

DEMANDÉE

PAR MONSIEUR

LE MARQUIS DE***

REPONSE

DEMANDÉE
PAR MONSIEUR
LE MARQUIS DE***

A celle qu'il a faite aux Reflexions sur l'Écrit intitulé : RICHESSE DE L'ÉTAT.

Periculosum est credere & non credere :
Hippolytus obiit, quia novercæ creditum est :
Caſſandræ qui non creditum, ruit Ilium :
Ergò exploranda est veritas multùm priùs.

PHÆDR.

A LONDRES.

M. DCC. LXIII.

RÉPONSE

DEMANDÉE

PAR MONSIEUR

LE MARQUIS DE ✱✱✱

A celle qu'il a faite aux Réflexions sur l'Écrit intitulé : RICHESSE DE L'ÉTAT.

MONSIEUR,

J'AI reçu par la voie publique la réponse dont vous avez honoré mes réflexions ; vous m'en demandez une, & je la dois du moins à votre politesse : je présume qu'elle sera courte, parceque j'aurais grand tort de vous contredire lorsque nous sommes presque toujours du même avis. Vous employez environ la moitié de votre ou-

A ij

vrage à faire voir que vous payez les impositions des vos Fermiers , j'en ai fait autant , & la démonſtration de cette vérité occupe ſept pages de l'Ecrit auquel vous avez daigné répondre. (1) Vous me préſentez un compte de 6626 livres d'impôt que vous payez au Roi, vous dites que ce calcul n'eſt pas outré , & je penſe de même ; ſi vous m'euſſiez laiſſé le ſoin de le faire , je l'aurais porté beaucoup plus haut ; en obſervant ſeulement, (car il faut être ſcrupuleux & ſévere quand on poſe des faits,) en obſervant, dis-je, que ce n'eſt pas ſur 12000 liv. de rente que vous payez cette ſomme, mais ſur 50000 liv. au moins de réproduction totale, qui ne vous donnent que 12000 liv. de revenu, parce que la plus grande partie en eſt hypothéquée de droit naturel à la ſubſiſtance de vos Fermiers ,

---

(1) Depuis la page 10 juſques & compris la page 17 de l'Edition in-8°. la ſeule que j'avoue.

& de 135 Citoyens qu'ils font travailler fur votre bien ; felon le calcul que vous adoptez *par pareffe* , & que je foutiendrai par perfuafion jufqu'à ce que l'on m'ait démontré qu'il ne vaut rien. Je vois par le vôtre que vos 12000 liv. font impofées feulement à 2626 liv. Le refte de l'impôt eft pris fur la part de vos Cultivateurs , & viendrait inconteftablement groffir la vôtre s'ils était moins chargés, comme je crois l'avoir fait fentir, page 15.

Paffons ; je ne fuis point furpris que vous défiriez d'être taxé à 730 liv. & de voir vos Fermiers à 100 liv. ce qui vous foumettrait a une contribution de 3130 l. au lieu de 10000 liv. environ, que votre bien paye actuellement. Je conviens que vous feriez très - foulagé , mais ce qui m'étonnerait fort, ferait , que lorfque vous, & par conféquent tous les autres contribuables payeraient trois fois moins , le Roi reçût trois fois plus , &

mes réflexions n'ont pas dit autre chofe. (2)

Vous me demandez s'il y a dans le Royaume 500 mille hommes qui jouiffent de 12000 liv. de rente , & vous m'affurez que vous n'en doutez pas : fi j'allais vous répondre que j'en doute, nous n'aurions rien prouvé.

Je croyais avoir clairement démontré depuis la page 9 de mon Ouvrage , jufques & compris la page 21 , qu'il n'y aurait pas dans le Royaume deux millions de contribuables , en fuppofant même vingt millions d'habitans. Ce qui revenait à dire qu'il n'y en avait pas 1, 600, 000, puifque nous ne fommes que 16 millions. Je vous demande à mon tour fi près d'un tiers des contribuables de la Nation jouiffent de 12000 liv. de rente? (3) je ne penfais pas que le nom-

---

(2) Voyez page 23.

(3) Je remarquerai que vous me parlez de rentes poffédées par induftrie , & que je n'entends point

bre des riches fût fi grand : mais pour favoir à quoi nous en tenir, pofons le terme auquel il n'y aurait ni riches ni pauvres, marquons la borne de la médiocrité. Ce ferait la fituation de tous les Citoyens fi les fortunes étaient abfolument égales, & afin de préfenter la chofe en beau ; fuppofons-nous plus riches que nous ne fommes, ne calculons pas fur l'état actuel, mais fur l'état poffible auquel un Auteur célèbre (4) évalue nos revenus dans l'établiffement général d'une bonne & grande culture : comptons 2, 538, 334, 000 liv. pour la ré-

---

l'acception de ce mot. L'induftrie intérieure n'eft, à mon fens, que le mouvement de la richeffe d'une main à l'autre : il la rend apparente en mille endroits, & ne la multiplie nulle part ; c'eft l'effet d'une roue qui n'ayant qu'un certain nombre de rayons, femble préfenter une furface contigue quand on la meut avec rapidité. Les hommes qui ont de l'induftrie font les gagiftes de ceux qui ont des biens, leurs impofitions font donc toujours rembourfées par ceux-ci.

(4) M. le Marquis de Mirabeau.

production totale, qui fournirait 600 millions de revenu aux Propriétaires, 450 millions pour l'impôt & la dixme, 600 millions pour préparer la réproduction de l'année suivante, & le reste pour rembourser les frais des avances & leurs intérêts. Eh bien ! dans cette avantageuse supposition, chez un peuple de 16 millions d'ames dont les fortunes seraient égales, le revenu de chaque pere de famille serait de 634 liv. 10 s. 4. d. ce qui, selon le calcul ordinaire, ferait par tête 158 liv. 12 s. 7 d. & si l'inégalité avait lieu chez ce peuple, tous ceux qui auraient au-dessus de ce terme seraient riches, tous ceux qui se trouveraient au-dessous seraient pauvres. Vous comprenez à présent qu'il faudrait avoir fait un grand nombre de pauvres pour rassembler 12,000 liv. de rentes sur la tête d'un seul homme ; & que si chez le peuple dont nous parlons, il y avait beaucoup de Citoyens qui eussent ainsi

12, 20, 30, 100 mille livres de rente, il faudrait néceſſairement qu'il y en eût une quantité innombrable qui fuſſent réduits au-deſſous de leur quote-part naturelle, & tel eſt le fait. Je ſens bien que cela ne paraîtra gueres poſſible aux Habitans de Paris, mais les eſprits examinateurs trouveront mon raiſonnement plauſible, & ceux qui auront voyagé en Sologne , en Auvergne, &c. &c. s'appercevront que je n'ai point obſervé ceci aux Indes. Pardonnez-moi la digreſſion, elle tenait au ſujet ; je continue.

J'ignorepourquoi vous avancez que *j'admets quatre millions de contribuables,* je n'ai admis cela nulle part ; & j'ai dit formellement dans mon tableau , que lorſque de 4 millions de têtes, on ôterait au moins les ſept huitiémes des Commerçans , & tous les Artiſans , ſans parler d'une très-grande quantité de Vignerons , Bucherons , &c. le reſte ſerait pour

B

lors des contribuables réels. (5) Vous n'avez pas contredit le raiſonnement que j'ai fait pages 19 , 20 & 21 , au ſujet des Artiſtes, des Négocians, des Commis , des Facteurs, & des Mariniers. Je ſuis donc ſurpris que vous n'ayez pas fait ſur les quatre millions cités , la ſouſtraction que je propoſais: ſans doute mon Ouvrage ne méritait pas d'être lu avec une attention ſcrupuleuſe.

Venons à la phraſe la plus importante de votre Lettre ; *vous êtes perſuadé , Monſieur , que j'ai fait des réflexions qui m'ont convaincu que le bien du Commerce exige la conſervation des Droits d'entrée & de ſortie aux Frontieres du Royaume.* Je conçois qu'il y aurait un volume à faire ſur cette phraſe , & le

---

(5) Si l'on voulait avoir une idée de ce reſte, il faudrait d'abord obſerver que dans Paris où l'on compte un million d'ames, il y a au moins 750 mille Commerçans ou Artiſans de toute eſpece, paſſer enſuite à nos Ports de mer, à nos Manufactures, &c. &c. &c.

volume fini, vous trouveriez peut-être mes réflexions toutes contraires à ce que vous les fuppofez aujourd'hui. Mais je ne m'engagerai point dans une difcuffion de cette étendue ; premierement , parce que mon tems ne me le permet pas ; fecondement, parce que j'ai pour principe que , lorfqu'on eft jeune , il faut faire des études très-longues , & des ouvrages fort courts.

Vous me permettrez cependant de jetter ici quelques notions fimples qui vous rendront au moins la chofe problêmatique (6).

Le Commerce proprement ainfi nom-

____

(6) Je fupplie que l'on ne me faffe pas l'injuftice de croire que je cherche à rien cenfurer ; quand le Gouvernement a établi quelque chofe, je fuppofe qu'il a eu fes raifons. Mais comme ce qui a été très-fage dans un tems, peut ceffer de l'être par la fuite des circonftances , il eft toujours utile de jetter la lumiere de l'examen fur les queftions intéreffantes. J'efpere que l'on verra dans mes Ecrits l'empreinte du zéle, & jamais celle de l'efprit de critique.

mé, eſt le troc qu'un Etat où ſes Membres font de leur ſuperflu contte le ſuperflu des autres.

La manœuvre de ce troc ſe réduit à deux opérations, vendre, & acheter.

Les Etats ſont entre eux comme les Particuliers, & celui qui vend le meilleur marché, & qui achete le plus cher, fait tout naturellement le plus grand commerce.

L'intérêt de tout État eſt donc de ſe menager autant qu'il eſt en lui, l'avantage de la concurrence dans les deux cas.

Voyons en quoi les Droits d'entrée & de ſortie peuvent faciliter ou gêner l'une & l'autre opération; d'abord, quand à la vente, il eſt clair que les Droits de ſortie augmentent le prix de la Marchandiſe, que pour conſerver la concurrence il faut que le Propriétaire baiſſe ſur la valeur réelle, que cet impôt donc, qui au premier coup-d'œil ſemble rembourſé par l'Etranger acheteur, tombe doublement fur le Regnicole vendeur, tant par la diminution de la premiere main, que par l'avantage qu'ont d'autres étrangers de courir fur tous fes marchés, & de borner tous les jours l'étendue de fes opérations. (7) Les Droits de fortie pourraient donc fort bien être nuifibles au Commerce, ifoler une Nation, la forcer de confommer fon fuperflu fur le territoire; ce qui conduirait bientôt à n'avoir point du fuperflu, & ce qui refferait journellement l'Agriculture, qui ne s'embarrafferait que de l'inftant, dès qu'elle ne pourrait plus répandre fes fruits fur l'Univers.

Mais, dira-t-on, *s'il eſt de notre intérêt*

---

(7) Ces Droits ne feraient fupportables que dans le **cas** où un Etat ferait l'unique poffeffeur d'une certaine *denrée* ; encore trouverait-il plus d'avantage à entichir fes Négocians, qui deviendraient un magafin perpétuel de reffources toujours prêtes dans l'occafion, qu'à recueillir fes revenus d'une Douane qui peuvent fe trouver taris à la premiere Déclaration de Guerre.

de nous menager la concurrence de la ven-
te, il eſt encore de notre intérêt d'empê-
cher les Etrangers d'en faire autant chez
nous; en facilitant nos ventes, & gênant
les leurs par des Droits d'entrée, nous
procurerons par-tout l'avantage de nos
Négocians, nous aurons ſaiſi le fin du
Commerce, nous vendrons beaucoup ce
qui attirera l'argent des autres Peuples,
nous acheterons peu ce qui conſervera le
nôtre, nous deviendrons infiniment plus
riches qu'eux.

C'eſt ainſi qu'avec des mots, & un extérieur de fineſſe, on éblouit le vulgaire peu inſtruit des grandes choſes, fort attentif aux petits intérêts. L'objection que je viens de me faire en faveur des Droits d'entrée dans le Royaume, & qui, comme le ſonnet du Miſantrope, paraîtra peut-être trop bonne à bien des Lecteurs, eſt compoſée de trois erreurs importantes; la premiere eſt la confuſion de l'intérêt du Commerce des Nationaux , avec celui du Commerce de la Nation ; la feconde , eft la perfuafion que l'on peut vendre toujours , & n'acheter jamais ; la troifiéme eft, l'idée de richeffe attachée à l'argent qui n'en eft que le figne repréfentatif. Un mot fur chacune de ces erreurs ; & je finis cette Lettre déja plus longue que je ne me le pro- pofais.

Premiere erreur. Pour fe mettre à por- tée de la connaître , il faut fe rappeller la définition que nous venons de faire du Commerce ; *c'eft le troc du fuperflu d'une Nation , contre le fuperflu d'une autre , par le moyen de la vente & de l'achat.* Effectivement , il ne peut s'af- feoir que fur le fuperflu , perfonne ne cherchant à fe défaire de fon néceffaire. Mais fi le fuperflu était une maffe exif- tante chez de certains Peuples , à force de vendre il s'annihilerait, & le Commer- ce fe tuerait lui-même ; pour lui fournir fans ceffe il faut donc que le fuperflu renaiſſe comme le débit. Or, nous n'avons aucuns biens renaiſſans que ceux de la terre, & ceux qui leur ſont adjacens, comme les beſtiaux, &c. L'Agriculture eſt donc la mere du Commerce, qui n'eſt que la vente de l'excédent des produits ſur les beſoins. A regarder la choſe en grand, toute circulation des produits ſur la ſurface intérieure du territoire, n'eſt commerce que pour les Particuliers; par rapport à la Nation, elle n'eſt que le voiturage des denrées aux conſommateurs. Ceux qui ſont chargés de ce voiturage, ſont des Commis qui retirent leur droit de ſubſiſtance, de même que le chartier qui conduit au marché le bled ou le vin de ſon Maître. Les voituriers ſont une claſſe précaire dans l'Etat, claſſe dépendante des Agriculteurs, & qui ne doit jamais leur faire la loi. Si pour faciliter la vente intérieure, on gêne l'entrée des Marchandiſes étrangeres qui ſeraient cauſe d'un immenſe débit extérieur par

les

les retours qu'elles exigeraient néceſſairement ; on aſſure aux Négocians un
gain clair ſur leurs Compatriotes , mais
on diminue le bénéfice total de la Nation.
Et dans ce cas là je le répéte , on ne diſ-
tingue point entre le Commerce National
& celui des Nationaux. L'un eſt celui de
la choſe , l'autre n'eſt que celui de l'homme ; encore l'avantage de ce dernier dans
un commerce univerſel , immenſe , & bien
entendu , (8) ſerait - il bientôt plus con-
ſidérable que le petit lucre paſſager auquel on ſacrifie la richeſſe publique.

La ſeconde erreur , qui conſiſte à croire
qu'*il nous eſt poſſible de vendre toujours, &*
de n'acheter jamais , ou du moins , *de n'a-*
cheter que peu , tient à la premiere , elle

------

(8) Il eſt ſi vrai que l'intérêt général des Marchands ſerait la liberté du Commerce, que l'on en voit tous les
jours qui donnent à perte dans le Pays étranger des Marchandiſes qu'ils ont exportées, & dont le débit n'a pas eu
lieu ; plutôt que de les réimporter, ce qui les aſſujettirait
à de nouveaux droits.

est non moins générale, elle a passé en maxime, & plus d'un honnête Citoyen a dit, écrit & répété, que ce devait être le but de notre politique. Il n'y a cependant rien de sage que ce qui est exécutable, & rien qui le soit aussi peu que leur conseil. Pour vendre, il faut avoir des Acheteurs, & selon l'axiome que nous avons posé, que *nul ne commerce de son nécessaire*, il faut que les Acheteurs ayent du superflu, & du superflu renaissant pour fournir à un Commerce perpétuel ; or, comme nous nous soucierions peu de vendre si nous n'étions payés, il faut bien que nous nous accommodions de leur monnoye. Expliquons ce terme que je ne prends pas ici dans le sens vulgaire ; il n'y a de richesse chez un Peuple que la quantité de biens dont il peut disposer ses nécessités satisfaites. Prenons un exemple, & supposons une Nation qui n'aurait d'autre produit que ses bleds, supposons encore que la récolte de cette

Nation donne année commune de quoi fournir tous les jours dix livres de pain à chacun de ſes Citoyens ; ce ferait un immenſe ſuperflu, chaque tête n'en conſommant pas plus de deux livres par jour : ſi ce Peuple était entouré de voiſins qui (pénétrés du beau principe qu'il faut vendre pour augmenter ſon pecule, & ne point acheter, parce que cela le diminue,) lui offraient de toutes parts des beſtiaux, des vins, des toiles, des étoffes de toute eſpece, mais qui refuſeraient conſtamment de ſe charger de ſes grains ; le Peuple au bled, au milieu de tant d'offreurs, mangerait ſon pain ſec, boirait de l'eau, irait tout nud, & verrait inutilement moiſir les quatre cinquiémes de ſa récolte. Bien eſt-il vrai que les Offreurs ne feraient pas contens, parce que leurs Marchandiſes ſuperflues pour eux, ne leur feraient aucun profit, & ſe moiſiraient comme bled de la Nation granicole, ce qui les obligerait à changer bientôt de maximes , & à acheter jufqu'à la concurrence de ce qu'ils voudraient vendre. L'équilibre eſt la premiere loi de la nature , la balance eſt la premiere condition du Commerce ; & nous ne pouvons pas gêner par des Droits d'entrée notre liberté d'acheter à l'Etranger , que le coup ne porte ſur notre faculté de lui vendre : s'il ne peut débiter qu'une moindre quantité ſon ſuperflu , il lui eſt impoſſible de ſe charger d'une plus grande quantité du nôtre. Notre réproduction ne ſe moiſira pas en magaſin , parce que perſonne n'aimant à prendre une peine inutile , elle diminuera d'elle - même pour ſe mettre au niveau du débit : & l'Agriculture étouffée dans toutes ſes branches , par le lierre des préjugés de commerce , languira , jufqu'à ce qu'une main ſecourable & hardie coupe du haut en bas les chaînes ou l'enlace ce perfide ami.

Peut-être m'allez-vous dire , *que mon hypothèſe qui ſerait bonne ſi l'on com-*

merçait en *simple échange*, *tombe à faux* parce que l'on *folde en argent*; & *que par ce moyen on peut vendre fes denrées fans prendre en retour celles de perfonne*, *en amaffant au contraire de toutes parts*, *l'argent qui eft généralement regardé comme la principale richeffe*.

Ah ! nous y voilà donc à cet argent ; & la troifiéme erreur que je voulais combattre vient d'elle-même fe repréfenter. Si je fais voir que l'efpoir d'être payé en argent par des Peuples dont on ne prend pas les Marchandifes, eft illufoire, & que l'argent n'eft point richeffe ; j'aurai à peu près rempli la tâche que je m'étais impofée.

Les métaux précieux ne croiffent pas en Europe comme les plantes, & n'y multiplient pas comme les beftiaux & les vers à foye, chaque Peuple en a une certaine quantité, (9) s'il était obligé de

---

(9) Cette quantité s'accroît journellement, (c'eft-à-dire, diminue de valeur) en raifon du Commerce direct

folder fans ceffe fes comptes en argent, en achetant toujours plus qu'il ne vendrait ; fa quote-part ferait bientôt tarie, & comme je l'ai dit plus haut, fon commerce fe tuerait lui-même. Nous ne voyons cependant pas arriver ce défaftre, c'eft une preuve que chaque Etat fait fa balance ou à très-peu de chofe près, & qu'il lui rentre autant par fes ventes, comme il dépenfe par fes achats. (10) Toute manœuvre qui tendrait à

---

ou indirect, que ce Peuple fait avec l'Amérique. Mais l'accroiffement en eft très-lent, parce que fi l'Amérique envoye, on porte aux Indes, ce qui maintient une efpece d'équilibre.

(10) On me citera peut-être ici l'Efpagne, qui certainement folde en argent ; mais j'obferverai qu'elle a des Mines, & que les métaux pour elle font produits renaiffans. Encore ne s'eft-elle pas trop bien trouvée d'avoir préféré la conquête des richeffes de figne aux biens immenfes que la nature produirait fous fes pas. Les Mines n'ont qu'un certain revenu qui baiffe toujours par la diminution du prix du métal, & par l'augmentation des frais, mais le revenu de l'Agriculture eft fufceptible d'un accroiffement infini, & l'on ne peut dire où il s'arrêterait dans un Pays peuplé & fertile.

empêcher cet effet naturel & indifpenfable, ferait la deftruction du Commerce, fi d'elle-même elle n'était pas impoffible.

Si j'avais intention de faire un Livre, (& Dieu m'en garde) je m'engagerais à prouver par l'Hiftoire, que toutes les opérations faites en conféquence, ont tourné au détriment de ceux qui les ont tentées, féduits par cette illufion de mode que *l'argent eft richeffe*. Rien n'eft moins vrai, l'argent n'eft pas plus richeffe, que les lettres de change ne font argent : il eft un repréfentant univerfel, inventé pour la facilité des tranfports ; c'eft pour me fervir d'un proverbe commun, *un bon valet qui devient un mauvais Maître*. Il eft tellement affervi de la nature, à tout ce qui eft richeffe réelles & renaiffantes qu'il n'eft utile que parce qu'il peut fervir à les procurer. Dès qu'il voudrait fe paffer d'elles, il n'aurait aucune valeur, & elles en ont une véritable indépendante de lui ; elles l'attirent fans cesse, au taux qui leur plaît, & qui leur est propre ; son abondance ne sert qu'à en diminuer le prix, parce que toute la masse d'argent qui se trouve dans un Etat, étant destiné à représenter toute la masse des richesses qui y sont aussi contenues ; si l'on augmente la quantité des métaux, ne fait que stipuler tacitément qu'un plus grand nombre de parties d'argent, sera donné pour un nombre égal de parties quelconques de biens réels, aussi voyons-nous que tout est proportionnellement plus cher dans les Pays où l'argent est plus commun. Parce que de lui-même il se met en équilibre & de niveau avec les denrées : & les Gouvernemens ne peuvent rien sur cet effet qui tient à la constitution des choses.

Il me serait facile d'entasser à ce sujet raisonnement sur fait, & fait sur raisonnement, mais je voulais être court & je l'oublie ; concluons, en disant que tout impôt, tout droit d'entrée, qui aura

pour

pour but de gêner les retours de l'E-
tranger en Marchandife, pour fe les procurer en argent, fera pernicieux & def-
tructif pour le Commerce de la vente,
& qu'il portera fur un principe illufoire.

Excufez, Monfieur, fi je laiffe tant
de chofes à dire fur une matiere qui ne
faurait être trop profondement traitée ;
une lettre a des bornes, & la patience
des Lecteurs en a d'autres qui font fou-
vent moins étendues encore. D'ailleurs,
il ne s'agit pas de tout détailler, mais
de *préfenter*, felon vos expreffions, *des
idées qui faffent réflechir*. Je ferais flatté
fi pardonnant aux miennes les défauts
que la pauvreté de notre langue laiffe
dans des matieres abftraites. Elles vous
engagent à remettre en queftion ce que
vous aviez cru devoir décider. Plus votre phrafe eft impofante, & plus elle
annonce de lumieres, plus je me fuis cru
obligé d'indiquer le moyen de la traiter
à fond.

D

Je ne me flatte pas d'avoir une ré-
ponſe, ſi je la recevais, je crois devoir
vous avertir que quand je n'y replique-
rais point, je ne me tiendrais pas pour
vaincu. Peut-être y reviendrai-je quelque
jour, mais quand à préſent je me dois à
des occupations indiſpenſables..

Je ſuis avec reſpect,

MONSIEUR,

Votre, &c.
D. P.

www.ingramcontent.com/pod-product-compliance
Ingram Content Group UK Ltd.
Pitfield, Milton Keynes, MK11 3LW, UK
UKHW031729170726
13836UKWH00002B/542